# Novena de Santa Paulina

EDITORA
SANTUÁRIO

DIREÇÃO EDITORIAL:
Pe. Flávio Cavalca de Castro, C.Ss.R.
Pe. Carlos Eduardo Catalfo, C.Ss.R.

REVISÃO:
Luana Galvão

PRODUÇÃO E ADAPTAÇÃO:
Clodoaldo Montoro

DIAGRAMAÇÃO:
Marcelo Tsutomu Inomata

COORDENAÇÃO EDITORIAL:
Elizabeth dos Santos Reis

CAPA:
Bruno Olivoto

Publicação autorizada pela
Congregação das Irmãzinhas da Imaculada Conceição

Imprima-se

ISBN 85-7200-815-2

1ª impressão: 2002

5ª impressão

Todos os direitos reservados à **EDITORA SANTUÁRIO** – 2019

Rua Pe. Claro Monteiro, 342 – 12570-000 – Aparecida-SP
Tel.: 12 3104-2000 – Televendas: 0800 - 16 00 04
www.editorasantuario.com.br
vendas@editorasantuario.com.br

# Introdução

— Iniciemos com alegria e fé nossa oração, invocando a presença da Santíssima Trindade: Em nome do Pai, do Filho e do Espírito Santo.

— **Amém.**

— A nossa proteção está no nome do Senhor.

— **Que fez o céu e a terra.**

— Oremos: Ó Deus, na vida dos santos vós mesmo sois glorificado, pois coroando seus méritos exaltais os vossos dons. Santa Paulina é exemplo para nossa vida e nos ajuda a viver em comunhão. Por sua intercessão, possamos correr com perseverança no certame que nos é proposto e alcançar um dia a coroa da glória final, por Cristo nosso Senhor.

— **Amém.**

# Oração inicial

— Ó Santa Paulina, vós que pusestes toda a vossa confiança no Pai e em Jesus e que, inspirada por Maria, vos decidistes ajudar o povo sofrido, nós vos confiamos a Igreja que tanto amais, nossas vidas, nossas famílias, a Vida Consagrada e todo o povo de Deus *(fazer em silêncio seu pedido particular...)*.

— **Santa Paulina,/ intercedei por nós junto a Jesus,/ a fim de que tenhamos a coragem/ de trabalhar para um mundo mais humano,/ justo/ e fraterno. / Amém.**

— Pai-Nosso...
— Ave-Maria...
— Glória ao Pai, ao Filho e ao Espírito Santo.
— **Como era no princípio, agora e sempre. Amém.**
— Santa Paulina
— **Rogai por nós!**

# Invocação final

— Santa Paulina, vossa obra é um fato que encerra a vontade concreta de Deus. Sede sempre bendita na terra e bendita na glória dos céus.

— **Toda de Deus, toda dos irmãos, Madre Paulina, rogai por nós!**

— Santa Paulina, vosso exemplo de humildade no serviço em favor dos irmãos, é presença de eterna bondade do Senhor que nos dá salvação.

— **Toda de Deus, toda dos irmãos, Madre Paulina, rogai por nós!**

— Santa Paulina, a Virgem Imaculada foi vossa Senhora e inspiração, através dela suplicai a Deus fecundidade e expansão às obras desenvolvidas pela Congregação das Irmãzinhas da Imaculada Conceição.

— **Toda de Deus, toda dos irmãos, Madre Paulina, rogai por nós!**

— Abençoe-nos o Deus todo-poderoso:

— **Pai, Filho e Espírito Santo. Amém.**

# 1º Dia

*(Introdução e oração inicial, p. 3/4)*

- **Palavras da Santa e a Palavra de Deus**

**L1** - *"Sede bem humildes; é nosso Senhor quem faz tudo; nós somos seus simples instrumentos"* (Santa Paulina).

**L2** - "É por Cristo que temos tal confiança perante Deus. Não como se fôssemos dotados de capacidade que pudéssemos atribuir a nós mesmos, mas é de Deus que vem a nossa capacidade. Foi ele quem nos tornou capazes de realizar os serviços da aliança nova, não da letra, mas do Espírito" *(2Cor 3,4-6)*.

- **Salmo Responsorial** *(Sl 127)*

— Se o Senhor não constrói a casa,
— **em vão labutam seus construtores.**

— Se o Senhor não guarda a cidade,
— **em vão vigiam os guardas.**
— É inútil levantar de madrugada e retardar a hora de dormir,
— **para comer o pão com duros trabalhos.**
— O Senhor dá do seu pão ao seu amado,
— **até mesmo enquanto ele dorme.**

- **Oração**

Ó Santa Paulina, vós que tanto amastes Maria, a Mãe de Deus, e fostes fiel ao seu convite: *"Quero que comeces uma obra; trabalharás pela salvação de minhas filhas"*, alcançai-nos do Senhor a sensibilidade para percebermos os clamores da realidade e a disponibilidade para servirmos aos mais necessitados e aos que estão em situação de maior injustiça.

— **Amém.**

*(Invocação final, p. 5)*

## 2º Dia

*(Introdução e oração inicial, p. 3/4)*

- **Palavras da Santa e a Palavra de Deus**

**L1** - *"Confiai sempre e muito na Divina Providência; nunca, jamais, desanimeis, embora venham ventos contrários. Novamente vos digo: confiai em Deus e em Maria Imaculada; permanecei firmes e adiante!" (Santa Paulina).*

**L2** - "Olhai como crescem os lírios. Ora, se Deus veste assim a erva do campo, que hoje existe e amanhã será jogada no forno, quanto mais não fará convosco. Não fiqueis ansiosos! Não vos inquieteis! Não tenhais medo, pequeno rebanho, pois foi do agrado do vosso Pai dar a vós o Reino" *(Lc 12,27-29.32).*

- **Salmo Responsorial** *(Sl 23)*

  — O Senhor é meu Pastor, nada me falta,
  — **em verdes pastagens me faz repousar.**
  — Para as águas tranquilas me conduz,
  — **e restaura minhas forças.**
  — Ainda que caminhe por um vale tenebroso,
  — **nenhum mal temerei, pois está junto de mim.**
  — Sim, felicidade e amor me seguirão,
  — **todos os dias da minha vida.**

- **Oração**

Ó Santa Paulina, vós que desde a infância soubestes partilhar o vosso pão com os mais pobres e necessitados, ensinai-nos a partilhar com as pessoas o pão de nossa mesa, da palavra, do perdão, do amor e da acolhida.

*(Invocação final, p. 5)*

## 3º Dia

*(Introdução e oração inicial, p. 3/4)*

- **Palavras da Santa e a Palavra de Deus**

**L1** - *"Tende coragem, que tudo irá bem com a graça de Deus. É tempo e hora de fazer-se fortes, rompendo também todos os laços que amarram o coração, porque o Coração de Jesus o quer todo para si e quer que comecemos no seu serviço como verdadeiros servos, sem consolação" (Santa Paulina).*

**L2** - "Sabei que os chefes das nações a dominam e os grandes fazem sentir seu poder. Entre vós não deverá ser assim. Quem quiser ser o maior entre vós seja aquele que vos serve; e quem quiser ser o primeiro entre vós, seja vosso escravo. Pois o Filho do Homem não veio para ser servido, mas para servir e dar a sua vida em resgate por muitos" *(Mt 20,25b-28).*

- **Salmo Responsorial** *(Sl 122)*

— Como os olhos dos escravos estão fitos nas mãos do seu Senhor,
**— os nossos estão voltados para Deus, esperando sua salvação.**
— Como os olhos das escravas estão fitos nas mãos de sua senhora,
**— assim nossos olhos, no Senhor, até que de nós tenha piedade.**
— Levanto os meus olhos para vós, ó Senhor,
**— que habitais nos altos céus.**
— Nossos olhos estão voltados para Deus,
**— esperando pela sua salvação.**

- **Oração**

Ó Santa Paulina, vós que visitastes os doentes e acolhestes as pessoas doentes, cancerosas, órfãs e anciãs, alcançai-nos do Senhor tão intensa caridade que nos faça abrir o coração a quem espera a nossa ajuda e solidariedade.

*(Invocação final, p. 5)*

## 4º Dia

*(Introdução e oração inicial, p. 3/4)*

- **Palavras da Santa e a Palavra de Deus**

**L1** - *"Recomendo-vos muito e muito a santa caridade entre vós e especialmente para com os doentes. Tende grande amor à prática da santa caridade" (Santa Paulina).*

**L2** - "Bendito seja o Deus e Pai de nosso Senhor Jesus Cristo, o Pai das misericórdias e Deus de toda consolação. Ele nos consola em todas as nossas aflições, para que, com a consolação que nós mesmos recebemos de Deus, possamos consolar os que se acham em toda e qualquer aflição. Pois, à medida que os sofrimentos de Cristo crescem para nós, cresce também a vossa consolação e salvação" *(2Cor 1,3-6a).*

- **Salmo Responsorial** *(Sl 84)*

— Mostrai-nos, Senhor, a vossa bondade,
— **e concedei-nos também vossa salvação.**
— A paz é para seu povo e seus amigos,
— **para os que voltam ao Senhor seu coração.**
— A verdade e o amor se encontrarão,
— **a justiça e a paz se abraçarão.**
— Da terra brotará fidelidade,
— **e a justiça olhará dos altos céus.**

- **Oração**

Ó Santa Paulina, vós que vos imolastes desejando tornar Jesus Cristo conhecido por todas as pessoas e em todo o mundo, alcançai-nos do Senhor renovado amor missionário e apostólico, para sermos fiéis à missão de anunciar a Boa-Nova da salvação trazida por Jesus Cristo.

*(Invocação final, p. 5)*

## 5º Dia

*(Introdução e oração inicial, p. 3/4)*

- **Palavras da Santa e a Palavra de Deus**

**L1** - *"A presença de Deus me é tão íntima que me parece impossível perdê-la; e esta presença proporciona à minha alma uma alegria que não posso explicar"* (Santa Paulina).

**L2** - "Caríssimos, se Deus nos ama, nós também devemos amar-nos uns aos outros. Se nos amamos uns aos outros, Deus permanece em nós e seu amor é perfeito em nós. A prova de que permanecemos nele, e ele em nós, é que ele nos deu algo do seu Espírito" *(1Jo 4,11-13)*.

- **Salmo Responsorial** *(Sl 9 e 10)*

— Eu vos celebro, Senhor, de todo o coração,
— **proclamo todas as vossas maravilhas.**

— Eu me alegro e exulto em vós,
— **e canto ao vosso nome, ó Altíssimo.**
— Senhor, erguei vossa mão e não vos esqueçais dos infelizes,
— **a vós se abandona o miserável; para o órfão vós sois socorro.**
— O Senhor é rei para sempre e eternamente,
— **ele escuta e atende os desejos dos pobres.**

- Oração

Ó Santa Paulina, vós que tanto vos preocupastes com as crianças e os jovens e lhes apresentastes ideais de heroísmo e santidade, alcançai-nos do Senhor a graça de sermos, através de nosso testemunho de vida na família e na sociedade, estímulo para que a juventude ande nos caminhos da verdade e assuma sua vocação com alegria, abertura, doação, entusiasmo e esperança.

*(Invocação final, p. 5)*

# 6º Dia

*(Introdução e oração inicial, p. 3/4)*

- **Palavras da Santa e a Palavra de Deus**

**L1** - *"Procure aumentar sempre mais aquele santo fervor pelos doentes, porque os doentes são a verdadeira imagem de nosso Senhor; tudo aquilo que se faz pelos doentes, Deus o olha como feito a si. Veja, pois, como é grande esta profissão"* (Santa Paulina).

**L2** - "Eu estava com fome e me destes de comer; estava com sede e me destes de beber; era estrangeiro e me recebestes em casa; estava nu e me vestistes; doente, e cuidastes de mim... Todas as vezes que fizestes isso a um destes mais pequenos, que são meus irmãos, foi a mim que o fizestes!" *(Mt 25,35.40)*.

- **Salmo Responsorial** *(Sl 101)*

— Senhor, escutai minha oração e chegue até vós o meu clamor,

— **não oculteis a vossa face no dia em que estou angustiado.**
— Inclinai vosso ouvido para mim,
— **ao invocar-vos atendei-me sem demora.**
— Eu vos suplico, meu Deus, não me leveis na metade dos meus dias,
— **vós, cujos anos são eternos.**
— O Senhor olhou a terra do alto céu,
— **e os gemidos dos cativos escutou.**

- **Oração**

Ó Santa Paulina, vós que abraçastes a cruz da humildade e do aniquilamento e, nos momentos difíceis da vida, encorajastes exortando: "*Nunca, jamais desanimeis, embora venham ventos contrários*", alcançai-nos do Senhor a graça de assumirmos, com fé e num compromisso de transformação, os sofrimentos que machucam e pesam no coração de tantas pessoas.

*(Invocação final, p. 5)*

## 7º Dia

*(Introdução e oração inicial, p. 3/4)*

- **Palavras da Santa e a Palavra de Deus**

**L1** - *"Deus me pediu o meu dedo, agora quer também o meu braço. Estou disposta a lhe dar tudo. Desagrada-me porque não poderei trabalhar como fazia, mas o braço não é meu, já dei tudo a Deus. Vontade de Deus, paraíso meu" (Santa Paulina).*

**L2** - "Eu vos exorto, irmãos, pela misericórdia de Deus, a vos oferecerdes em sacrifício vivo, santo e agradável a Deus: este é o vosso verdadeiro culto. Não vos conformeis com este mundo, mas transformai-vos, renovando vossa maneira de pensar e julgar, para que possais distinguir o que é da vontade de Deus, a saber, o que é bom, o que lhe agrada, o que é perfeito" *(Rm 12,1-2).*

- **Salmo Responsorial** *(Sl 24)*

    — Mostrai-me, Senhor, vossos caminhos,
    — **fazei-me conhecer a vossa estrada!**
    — Vossa verdade me oriente e me conduza,
    — **porque sois o Deus de minha salvação.**
    — Verdade e amor são os caminhos do Senhor,
    — **para quem guarda sua Aliança e seus preceitos.**
    — O Senhor se torna íntimo aos que o temem
    — **e lhes dá a conhecer sua Aliança.**

- **Oração**

Ó Santa Paulina, vós que tanto servistes a Igreja e vos dedicastes inteiramente ao testemunho do Reino de Deus, alcançai-nos do Senhor a graça de vivermos o compromisso batismal, colocando-nos a serviço da vida e da esperança, a fim de construirmos uma sociedade justa, fraterna e solidária.

*(Invocação final, p. 5)*

## 8º Dia

*(Introdução e oração inicial, p. 3/4)*

- **Palavras da Santa e a Palavra de Deus**

**L1** - *"Obedecei, rezai e fazei-vos grandes servas de Deus, fortes, submissas e indiferentes a todo lugar, ofício, saúde ou doença. O nosso desejo seja sempre sofrer com Jesus" (Santa Paulina).*

**L2** - "Considerai uma grande alegria quando tiverdes de passar por diversas provações, pois sabeis que a prova da fé produz em vós a constância e a constância leva a uma obra perfeita: que vos torneis perfeitos e íntegros. Feliz quem suporta a provação, porque, uma vez provado, receberá a coroa da vida, que o Senhor prometeu aqueles que o amam" *(1Pd 1,2-4.12).*

- **Salmo Responsorial** *(Sl 85)*

— Inclinai, ó Senhor, o vosso ouvido,
**— escutai, pois sou pobre e infeliz!**
— Protegei-me, que sou vosso amigo,
**— e salvai vosso servo, meu Deus,**
— que espera e confia em vós,
**— e que clama por vós todo o dia.**
— Concedei-me um sinal que me prove
**— a verdade do vosso amor.**

- **Oração**

Ó Santa Paulina, vós que encontrastes na oração a alegria, a paz, a força, o sentido da doação da própria vida, alcançai-nos a graça de encontrarmos, na intimidade com Deus, a força para construirmos nossas vidas, famílias e comunidades no bem, no amor, no perdão e na justiça.

*(Invocação final, p. 5)*

# 9º Dia

*(Introdução e oração inicial, p. 3/4)*

- **Palavras da Santa e a Palavra de Deus**

**L1** - *"Há anos não gozo tanta paz como agora, embora o Senhor mande sempre alguma coisa para sofrer, como a sujeição nos ofícios etc., mas tudo é suavizado pela caridade. Enfim, Deus seja bendito em todas as coisas"* (Santa Paulina).

**L2** - "Se já existe algum conforto em Cristo, alguma consolação no amor, alguma comunhão no Espírito, alguma ternura e compaixão, completai a minha alegria, deixando-vos guiar pelos mesmos propósitos e pelo mesmo amor, em harmonia buscando a unidade. Nada façais por ambição ou vanglória, mas, com humildade, cada um considere os outros como superiores a si; e não cuide somente do que é seu, mas também do que é dos outros" *(Fl 2,1-4)*.

- **Salmo Responsorial** *(Sl 39)*

— Esperando, esperei no Senhor,
— **e inclinando-se, ouviu meu clamor.**
— Canto novo ele pôs em meus lábios,
— **um poema em louvor ao Senhor.**
— Com prazer faço a vossa vontade,
— **guardo em meu coração vossa lei.**
— Boas-novas de vossa justiça
— **anunciei numa grande assembleia.**

- **Oração**

Ó Santa Paulina, vós que, abrasada no amor de Deus e despojada de toda grandeza humana, entregastes a vida ao Senhor, alcançai-nos a graça do desprendimento das coisas passageiras deste mundo, buscando somente as coisas de Deus e assumindo o desafio de lutar contra todas as situações de morte, para que todas as pessoas *tenham vida e vida em abundância (Jo 10,10)*.

*(Invocação final, p. 5)*

# Cânticos a Santa Paulina

## 1. TODA DE DEUS
*(José Acácio Santana)*

**Toda de Deus, toda dos irmãos
Madre Paulina, ouve a nossa voz
Com fé pedimos tua intercessão
Madre Paulina, roga por nós.**

1. Mãe dos pobres sem lar, sem comida
   Dos doentes, consolo na dor
   Ouve as preces da gente sofrida
   Que te pede esperança e amor.

2. Teu exemplo de santa humildade
   No serviço em favor dos irmãos
   É presença da eterna bondade
   Do Senhor que nos dá Salvação.

3. Tua obra é um fato que encerra
   A vontade concreta de Deus
   Sejas sempre bendita na terra
   E bendita na glória dos céus.

## 2. TESTEMUNHA DO AMOR
*(Frei Fabreti)*

1. O amor de Deus nos reuniu
   Pra Boa-Nova anunciar

E modelar o mundo pra que a justiça
Tome o seu lugar.

**Eu vou tua obra começar**
**O amor eu vou testemunhar**
**Em ti, Senhor, confiarei**
**Ventos contrários eu não temerei.**

2. O amor de Deus nos reuniu
   Pra cultivar o Reino Novo
   De vida e esperança
   E força nova para o nosso povo.

3. O amor de Deus nos reuniu
   Pra celebrar junto aos irmãos
   Pobres e injustiçados
   Que aos céus elevam confiantes suas mãos.

## 3. FILHA DE SIÃO

1. Levanta-te com alegria porque chegou a tua luz
   Sobre ti resplandece a glória do Senhor
   Enquanto a noite cobre a terra e a escuridão os povos
   Sobre ti se levanta o Senhor e sua glória te ilumina.

2. As nações caminharão na tua luz
   E os reis ao brilho de tua aurora
   Levanta os olhos e olha a tua volta
   De longe teus filhos, que vêm perto de ti.

3. Esta visão te encherá de alegria
   Cheio de gozo palpitará teu coração
   Pois a ti afluirão as riquezas do mar
   E a ti virão os tesouros das nações.

4. Será chamada a cidade do Senhor
   A Sião do Santo de Israel

      Tu serás para sempre admirada
      E causa de alegria para as gerações futuras.

5. O sol não será mais a luz dos teus dias
   Nem a lua será de tuas noites a claridade
   Pois o Senhor é que será a tua luz
   E em Deus terão o eterno resplendor.

6. Jamais o teu sol verá o ocaso
   Nem a tua lua terá seu declínio
   Porque o Senhor é que será tua luz eternamente
   E teus dias de luto chegaram ao fim.

## 4. A FESTA É NOSSA
*(Marlene Rosa)*

1. O canto alegre vem do povo em oração
   Vai-se tornando gratidão e chega a Deus o seu clamor
   O Deus da vida nunca abandona o povo
   Ele exalta humilhado e derruba o opressor.

**A festa é nossa, é do povo, é de Paulina
É tempo de alegria, vamos juntos celebrar. (bis)**

2. Irmãos unidos, braço erguido, pé na estrada
   Vida nova transformada, para o povo do Senhor
   O Deus da vida nunca abandona a luta
   Ele fortalece o reino, faz justiça e dá vigor.

3. Igreja viva, novo rosto na história
   Com Paulina faz memória de Jesus ressurreição
   O Deus da vida nunca abandona o povo
   Ele ama seus eleitos e sustenta na missão.

## 5. SERVIR O POVO
*(José Acácio Santana)*

1. Querendo servir o teu povo
   O pai construiu um moinho
   Foi nele o trabalho mais novo
   Da Jovem buscando um caminho.

**Tranforma, Senhor, nossa oferta**
**Em dons para a vida divina**
**Conforme em amor transformaste**
**A vida de Santa Paulina!**

2. Na fome do povo sofrido
   Cuidar da farinha, do pão
   Já era o sinal escondido
   Da tua futura missão.

3. Servindo é que a gente descobre
   O humano da tua feição
   Teu rosto no rosto do pobre
   Tua vida na vida do irmão.

## 6. REINO NOVO
*(Frei Fabreti)*

1. Homens novos, mulheres novas
   Veem na história os anseios do povo
   E em Maria tem força e coragem
   Pra plantar neste chão Reino Novo.

2. Sendo mãe de Jesus, Maria
   Já nos diz: "É chegada a tua hora!
   Vai servir vinho novo na festa"
   Com sabor de conquista e vitória.

3. Coração sempre atento e aberto
   Aos apelos de Deus nos irmãos
   Exultou de alegria naquele
   Que ama os fracos e enche suas mãos.

## 7. QUANTAS MESAS
*(José Acácio Santana)*

1. Quantas mesas se encontram
   Vazias de pão e também de amor
   Quantas vidas sofrendo
   Repletas de sombra e também de dor.

**Tua mesa, Senhor, tem a força da libertação**
**Pão sagrado, alimento de salvação.**

2. Multiplicas o pão da unidade
   Querendo nos ensinar
   Que a esperança também multiplica
   No gesto de partilhar.

3. Quero ser para os outros
   Pão vivo, sinal de libertação
   Quero ser extensão
   Do teu plano de amor e de salvação.

4. O carisma de Santa Paulina
   Foi sempre servir o irmão
   Seu exemplo de amor
   Permanece ao alcance das nossas mãos.

## 8. SOU PRESENÇA NESTE PÃO
*(Frei Fabreti)*

1. Sou presença neste pão,
   E no irmão de caminhada
   Sou a força que renova
   Dou vigor para a jornada.

**Eu sou a vida, vos dou vigor**
**Tomai e comei o pão é meu corpo**
**Vos dou por amor.**

2. Sou presença neste pão
   E no irmão que se organiza
   Que trabalha, luta e sofre
   Pra que a paz se realize.

3. Sou presença neste pão
   E no irmão desfigurado
   Que ama e vive na esperança
   De não ser mais humilhado.

4. Sou presença neste pão
   E no irmão que faz a história
   Alimento toda luta
   Que liberta e traz vitória.

5. Sou presença neste pão
   Sou presença no meu povo
   Gero a força que alimenta
   E constrói o Reino Novo.

## 9. SAUDEMOS MADRE PAULINA
*(Reinaldo Azevedo Borges)*

1. Nas profundezas do sertão, assim como se Cristo fora
   Sentindo sempre a dor do irmão, vivia a santa Fundadora
   Madre Paulina do Coração Agonizante de Jesus
   Deus a exalte em seu seio e também em nosso meio
   Brilhe sempre a sua luz.

   **Saudemos, aleluia!**
   **Madre Paulina, aleluia!**

2. Na humildade, seguindo a Cristo, concretizou sua missão
   E seu exemplo sempre seguido por toda a sua Congregação
   Hoje aclamamos Madre Paulina, unindo as mãos num só louvor
   Pediremos suas bênçãos para o povo que amou
   Brilhe sempre a sua luz!

## 10. CAMINHAMOS NA ESPERANÇA
*(Marlene Rosa)*

**Exultantes cantemos alegres**
**Igreja unida somos povo em comunhão**
**Com Paulina, caminhamos na esperança**
**De um mundo novo mais humano e mais irmão.**

1. Somos hoje igreja viva mensageira do Senhor
   Vivendo a justiça, esperança, fé e amor.

2. De graça recebemos a missão de anunciar
   Vivendo fé e vida, somos vida no doar.

3. Pés no chão olhar no céu, mãos estendidas para servir
   No compromisso com a vida, novo reino há de vir.

4. O Deus que amou Paulina continua a libertar
   Faz história com seu povo e convida a partilhar.

## 11. NOVA CANÇÃO
*(Frei Fabreti)*

1. Os pequenos do Reino de Deus
   Encontraram no teu coração
   Um lugar onde a paz e a esperança
   Ressoaram qual nova canção.

   Toda de Deus e toda dos irmãos
   Madre Paulina, o teu coração
   Que tanto amou o pobre e o sofredor
   É a nossa força pra ouvir todo o clamor.

2. Em Maria moldaste o teu ser
   Tão fiel aos desejos do Pai
   O teu "sim" neste instante ressoa
   Nos que lutam por um mundo melhor.

## 12. LADAINHA DE MADRE PAULINA
*(José Acácio Santana)*

Senhor, tende piedade de nós! (bis)
Jesus, tende piedade de nós! (bis)
Senhor, tende piedade de nós! (bis)

1. Madre Paulina do Coração Agonizante de Jesus,
   Rogai por nós.
2. Chamada por Deus para construir uma obra de salvação,
   Rogai por nós.
3. Seguidora fiel do Deus da vida,
   Rogai por nós.

4. Mulher forte e pioneira,
   Rogai por nós.
5. MADRE PAULINA,
   Rogai por nós.
6. Mulher de fé e confiança,
   Rogai por nós.
7. Mulher de caridade sem limites,
   Rogai por nós.
8. Mulher de humildade e sacrifício,
   Rogai por nós.
9. Mulher obediente e corajosa,
   Rogai por nós.
10. MADRE PAULINA,
    Rogai por nós.
11. Exemplo de amor à Eucaristia,
    Rogai por nós.
12. Exemplo de fidelidade a Deus e aos irmãos,
    Rogai por nós.
13. Exemplo de perfeita vida consagrada,
    Rogai por nós.
14. Irmã dos pobres e dos enfermos,
    Rogai por nós.
15. MADRE PAULINA,
    Rogai por nós.
16. Irmã dos aflitos e desamparados,
    Rogai por nós.
17. Irmã de todos os excluídos,
    Rogai por nós.
18. Toda de Deus e toda dos irmãos,
    Rogai por nós.
19. Instrumento de salvação nas mãos de Deus,
    Rogai por nós.
20. MADRE PAULINA,
    Rogai por nós.